Mishel Marcus

Der Deutsche Orden und der Johanniterorden

GRIN Verlag

Bibliografische Information der Deutschen Nationalbibliothek:

Die Deutsche Bibliothek verzeichnet diese Publikation in der Deutschen National-
bibliografie; detaillierte bibliografische Daten sind im Internet über http://dnb.d-
nb.de/ abrufbar.

Impressum:

Copyright © 2013 GRIN Verlag GmbH
Druck und Bindung: Books on Demand GmbH, Norderstedt Germany
ISBN: 978-3-656-65598-5

Dieses Buch bei GRIN:

http://www.grin.com/de/e-book/273355/der-deutsche-orden-und-der-johanniteror-
den

1. Einleitung

Nach der Ausbreitung des Islams im 7. Jahrhundert kommt es zu diversen Kriegen zwischen Muslimen und Christen. Da diese sich jedoch am äußersten Rand des Reiches abspielen, verlangt dies von der europäischen Christenheit die Erfindung einer neuen Institution, die an der Grenze operiert: die Ritterorden. Die folgende Hausarbeit beschäftigt sich hierbei mit zwei dieser Orden, dem Deutschen Orden und dem Johanniterorden im Mittelalter. Dabei wird das Hauptaugenmerk auf die Entstehung und auf ihre Aufgaben gelegt. Durch die Analyse soll hervorgehen, dass die Ritterorden militärische Grenzinstitutionen waren, die ihre Legitimation erst durch die Verteidigung des lateinischen Christentums erhielten und bei Versagen ihres Auftrags auch eine Auflösung fürchten mussten.

2. Der Johanniterorden

Der Johanniterorden war ein militärischer Orden und ging aus dem Ersten Kreuzzug 1096-1099 hervor. Dieser ging aus einem Hospital hervor, das um 1070 bei der Abtei St. Maria Latina entstanden war.[1] Nachdem Jerusalem nach Beendigung des Ersten Kreuzzugs unter lateinische Herrschaft kam, wuchs der Einfluss des Ordens und das Hospital erhielt reiche Landschenkungen von Königen und anderen einflussreichen Herren.[2] Die Johanniter verstanden sich als „Diener der Armen Christi"[3], deren Hospital eine hohe Kapazität aufwies und Tausende Kranke aufnehmen konnte, ohne Rücksicht auf das Geschlecht und die Konfession des Kranken zu nehmen.[4] Mit der militärischen Orientierung, bekamen sie eine neue Aufgabe, nämlich den Schutz des Königreichs Jerusalem vor den Muslimen. Rasch trat der militärische Zweig in Vorrang und die Johanniter unterhielten Niederlassungen in der ganzen christlichen Welt. Eine päpstliche Bulle stellte zudem den Johanniterorden frei von all weltlicher Macht und verfügte, dass der Orden nur auf den Papst angewiesen sei. Mit der Erstarkung des Ordens, fing auch eine Einmischung in weltliche Dinge ein, sei es in Erbfolgestreitereien oder durch Aufkauf und Kontrolle großer Gebiete. Auch nahmen sie sich das Recht, eigenständig mit Muslimen zu verhandeln, was viele verärgerte.[5] Mit

---

[1] J. Riley-Smith: Art. Johanniter, in: LexMa 5 (1991), Sp. 613-615, Sp. 613. (im Folgenden zitiert als: Riley-Smith: Johanniter)
[2] Anthony Luttrell: Der Johanniter- und Templerorden, in: Feliciano Novoa Portela/ Carlos de Ayala Martínez: Ritterorden im Mittelalter, Stuttgart 2006, S. 45-76, S. 45. (im Folgenden zitiert als: Luttrell: Johanniter)
[3] Riley-Smith: Johanniter, Sp. 613.
[4] Luttrell: Johanniter, S. 46.
[5] Luttrell: Johanniter, S. 54.

dem Verlust von Palästina verloren sie ihre militärische Daseinsberechtigung und zogen sich deshalb aus dem Gebiet zurück und eroberten die Insel Rhodos, wo sie durch die Beschlagnahmung der Güter des Tempelordens, der zwischenzeitlich aufgelöst wurde, zu einer starken Flottenmacht avancieren konnten.[6]

3. Deutscher Orden

Nachdem Jerusalem an die Muslime übergangen war, begann 1189 der Dritte Kreuzzug, dessen erstes Ziel die Eroberung Akkons war. Da die hygienischen Zustände bei den Kreuzfahrern desolat waren, gründeten einige Kreuzfahrer ein Spital, um die Ritter und Pilger behandeln zu können, das auch nach Eroberung Akkons bestehen blieb.[7] Auf Initiative des Herzogs Friedrich von Schwaben bekam dieses Spital den Namen „Hospital Sankt Mariens der Deutschen zu Jerusalems", dessen Neugründung auch durch Eintreffen von deutschen Kreuzfahrern Rückhalt erhielt.[8] Gefördert durch den Kaiser und mit Wohlwollen des Papstes wurden viele Truppen abberufen, um den lateinischen Osten zu schützen, so dass der Deutsche Orden bei seiner Gründung die zu seiner Zeit zwei wichtigsten Mächte hinter sich hatte.[9] Trotz seines Namens war der Orden nicht nur auf deutsche Mitglieder beschränkt, wenn gleich er ein deutscher Ritterorden sein sollte.[10] Von 1210 an gewann der Deutsche Orden an Einfluss und Macht, so dass er seine Besitztümer im Heiligen Land ausbauen konnte. Durch die Einbeziehung des Ordens in die Verteidigung der östlichen Grenze des lateinischen Christentums, konnte der Orden gegen die Heiden im Baltikum vorgehen und erhielt damit seine militärische Legitimation, so dass er 1239 schließlich gleichwertig neben dem Templer- und dem Johanniterorden angesehen wurde.[11] Der Orden operierte in Europa durch Eroberung Preußens, der Ostseeküste und den Vormarsch in das Baltikum, als auch im Heiligen Land, wo er sich jedoch durch einen Angriff der Mamelucken nach Akkon zurückziehen musste, wo dann ein großer Teil des Ordens sich dafür aussprach, das Ordenszentrum nach Preußen zu verlegen.[12] Mit dieser Verlegung begann die Blütezeit des Ordens, der dabei zum einen für die Verteidigung

---

[6] Riley-Smith: Johanniter, S. 614f.

[7] H. Boockmann: Art. Deutscher Orden, in: LexMa 3 (1986), Sp. 768-777, Sp. 768. (im Folgenden zitiert als: Boockmann: Deutscher Orden)

[8] Philippe Josserand: Der Deutsche Orden, in: Feliciano Novoa Portela/ Carlos de Ayala Martínez: Ritterorden im Mittelalter, Stuttgart 2006, S. 167-189, S. 168. (im Folgenden zitiert als: Josserand: Deutscher Orden)

[9] Josserand: Deutscher Orden, S. 168f.

[10] Boockmann: Deutscher Orden, Sp. 768.

[11] Josserand: Deutscher Orden, S. 170f.

[12] Josserand: Deutscher Orden, S. 172.

des Christentums, zum anderen als kirchliche Wohlfahrtsorganisation auftrat, die eine beachtliche Wirtschaftskraft besaß.[13] Den Anfang vom Ende des Deutschen Ordens besiegelten die Reformation und die Säkularisierung, wo der Orden einen Großteil seiner Besitztümer und Schätze verlor. Ab dem 19. Jahrhundert vollzog sich eine Umwandlung des Ordens in eine rein religiöse Einrichtung um, der im geistlichen Bereich und in der Krankenpflege eine neue Betätigung fand. Der Deutsche Orden vollzog damit eine Umwandlung von einem Ritterorden zu einem religiösen Orden und kam damit zu seiner Kernaufgabe zurück.[14]

Zusammenfassend lässt sich sagen, dass die Ritterorden von vornherein zum Scheitern verurteilt waren. Auf lange Sicht wurde klar, dass früher oder später ihre Daseinsberechtigung verwirkt sein würde, wenn das Heilige Land an die Muslime fallen würde. Ihr Recht auf Bewaffnung wär somit nicht mehr gegeben und auch ihre zahlreichen Besitztümer und Schätze hätten damit keine Legitimation mehr. Es oblag den Führern dieser Orden schnellstmöglich ein neues Betätigungsfeld zu finden, das sowohl den Johannitern als auch dem Deutschen Orden mit der Aufgabe der Krankenpflege gelang.

Literaturverzeichnis

• Boockmann, H.: Art. Deutscher Orden, in: LexMa 3 (1986), Sp. 768-777.

• Josserand, Philippe: Der Deutsche Orden, in: Novoa Portela, Feliciano/ de Ayala Martínez, Carlos (Hgg.): Ritterorden im Mittelalter, Stuttgart 2006, S. 167-189.

• Luttrell, Anthony: Der Johanniter- und Templerorden, in: Novoa Portela, Feliciano/ de Ayala Martínez, Carlos (Hgg.): Ritterorden im Mittelalter, Stuttgart 2006, S. 45-76.

• Riley-Smith, J.: Art. Johanniter, in: LexMa 5 (1991), Sp. 613-615.

---

[13] Josserand: Deutscher Orden, S. 172f.
[14] Josserand: Deutscher Orden, S. 183.

3